UIERES
?

Trabajamos

SOY EQUILIBRISTA

Montse Ganges
Christian Inaraja

Combel
EDITORIAL

www.combeleditorial.com

LOS EQUILIBRISTAS PRESENTAN
UN GRAN NÚMERO DE CIRCO.

Los equilibristas presentan
un gran número de circo.

ZIPPOS CIRCUS
3

¿QUÉ HACE UN EQUILIBRISTA
CON UNA CUERDA?
¿SALTAR?

¿Qué hace un equilibrista
con una cuerda?
¿Saltar?

EL EQUILIBRISTA CAMINA
SOBRE UNA CUERDA
ATADA A GRAN ALTURA.

El equilibrista camina
sobre una cuerda
atada a gran altura.

¿QUÉ HACE UN EQUILIBRISTA
CON UN PALO MUY LARGO?
¿UN BASTÓN PARA UN GIGANTE?

¿Qué hace un equilibrista
con un palo muy largo?
¿Un bastón para un gigante?

EL EQUILIBRISTA SOSTIENE
UN PALO MUY LARGO MIENTRAS CAMINA
POR LA CUERDA.

El equilibrista sostiene
un palo muy largo mientras camina
por la cuerda.

¿QUÉ HACE UN EQUILIBRISTA CON UNA RED? ¿UN CAZAMARIPOSAS GIGANTE?

¿Qué hace un equilibrista con una red?
¿Un cazamariposas gigante?

LOS EQUILIBRISTAS UTILIZAN UNA RED
PARA NO HACERSE DAÑO SI CAEN.

Los equilibristas utilizan una red
para no hacerse daño si caen.

¿QUÉ HACEN UNOS CUANTOS EQUILIBRISTAS CUANDO SE ENCUENTRAN? ¿UNA MERIENDA?

¿Qué hacen unos cuantos equilibristas cuando se encuentran? ¿Una merienda?

UNOS CUANTOS EQUILIBRISTAS JUNTOS
HACEN UN NÚMERO... ¡MÁS DIFÍCIL TODAVÍA!

Unos cuantos equilibristas juntos
hacen un número... ¡MÁS DIFÍCIL TODAVÍA!

EN EL CIRCO TAMBIÉN HAY OTROS ARTISTAS. ¿QUIERES CONOCERLOS?

TRAPECISTA

PAYASO

MAGO

MALABARISTA

MONOCICLISTA

LOS ARTISTAS DEL CIRCO VAN DE PUEBLO EN PUEBLO Y DE CIUDAD EN CIUDAD CON SUS FAMILIAS Y VIVEN EN CARAVANAS.

LA CARPA

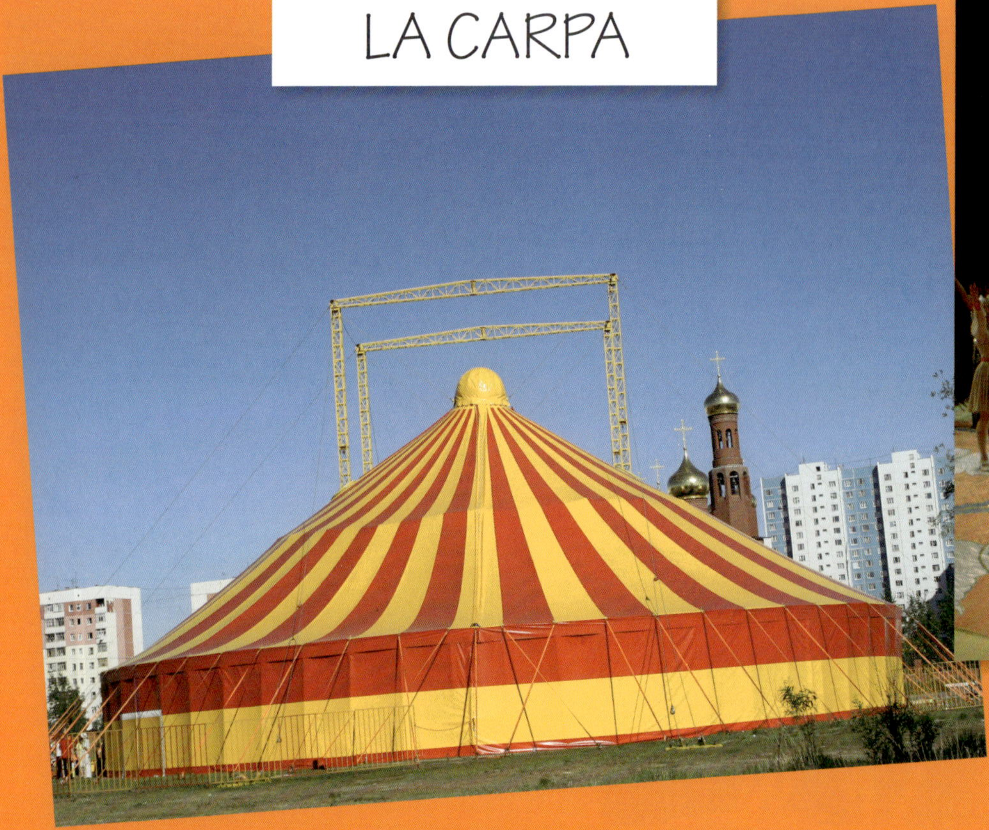

LOS NIÑOS Y NIÑAS DEL CIRCO TIENEN UN MAESTRO QUE VIAJA CON ELLOS PORQUE NO PUEDEN IR SIEMPRE A LA MISMA ESCUELA.

STA

LAS CARAVANAS

Y A TI, ¿TE GUSTARÍA SER EQUILIBRISTA?